Indice

Este libro guía contiene cuatro secc

Un recorrido recomendado por la catedral

La historia de la Catedral de San Pablo

El patrimonio de una nación

La catedral en la actualidad

Recorrido recomendado
- 2 Introducción a su recorrido
- 3 **La nave**
- 4 **La cúpula**
- 5 **El coro**
- 5 El órgano
- 5 El altar mayor
- 6 **El crucero norte**
- 6 *La luz del mundo*
- 6 La Capilla del Regimiento de Middlesex
- 7 **El deambulatorio**
- 7 La nave lateral norte del coro
- 8 La Capilla Conmemorativa Americana
- 8 La nave lateral sur del coro
- 9 **El crucero sur**
- 10 **La cripta**
- 10 Tumbas y monumentos de Wren y otros
- 10 La Capilla OBE
- 11 El corazón de la cripta
- 11 El tesoro

La historia de la Catedral de San Pablo
- 12 - 19

El patrimonio de una nación
- 20 La nave
- 22 La Capilla de San Miguel y San Jorge
- 23 La Capilla de San Dunstán
- 23 La Capilla de los Difuntos
- 26 La cúpula
- 27 Las galerías
- 29 El coro
- 30 El altar mayor
- 32 Los mosaicos
- 33 Los cruceros
- 34 El deambulatorio y la Capilla Conmemorativa Americana
- 36 La cripta
- 40 El tesoro
- 41 El triforio
- 42 Exterior y patio de la iglesia

La catedral en la actualidad
- 44 Trabajo y culto
- 45 Mantenimiento
- 46 Música
- 48 Los Amigos de la Catedral de San Pablo

Un recorrido recomendado por la catedral

San Pablo es más que un gran centro religioso y una joya arquitectónica. Como catedral de la ciudad capital del Reino Unido, es el centro espiritual de la nación.

Aquí es donde se rinde homenaje a personas importantes o se celebran, lamentan o conmemoran acontecimientos especiales de la nación. Las bodas reales, funerales oficiales y acciones de gracia, tienen todos lugar en la Catedral de San Pablo, mientras que cientos de monumentos de la iglesia rinden homenaje a hombres de estado, soldados, artistas plásticos, médicos y escritores célebres y conmemoran las valiosas contribuciones hechas a la vida de la nación por muchos hombres y mujeres comunes.

El edificio actual de la catedral se construyó entre 1675 y 1710, después de que un incendio destruyera el edificio anterior. Ésta es la quinta catedral que se yergue sobre la colina que domina la antigua Ciudad de Londres, como una advertencia constante a ese centro comercial de la dimensión espiritual de la vida.

Este mensaje fue el que los cinco monarcas sucesivos que supervisaron la construcción de la catedral desearon enfatizar. Como Gobernadores Supremos de la Iglesia, procuraron que la iglesia principal de la capital fuera tan bella e imponente como sus palacios privados.

Con el transcurso de los siglos, la catedral se ha transformado para reflejar el cambio de gustos y actitudes. Se agregó y quitó la decoración; los servicios se actualizaron; diferentes sectores se destinaron a usos nuevos.

Siempre fue una iglesia activa, en la que millones de personas de todo el mundo han celebrado culto. Es un símbolo vivo de la ciudad y de la nación al servicio de la cual está y un monumento imperecedero a la gloria de Dios.

La nave

La nave es la sección central más larga de la catedral que lleva a la cúpula. Es un espacio público y ceremonial, destinado a las congregaciones en los servicios importantes.

• La Gran Puerta Occidental tiene nueve metros de altura. Ahora sólo se utiliza para ceremonias. • En este extremo de la catedral hay tres capillas; en la nave lateral norte se encuentran las de los Difuntos y de San Dunstán y en la nave lateral sur, la Capilla de la Orden de San Miguel y San Jorge.

Para más información, ver páginas 20~23

- A – La nave
- B – La gran puerta occidental
- C – La Capilla de los Difuntos
- D – La Capilla de San Dunstán
- E – La Capilla de San Miguel y San Jorge

B Vista desde la Gran Puerta Occidental de la cúpula y el altar mayor

Monumentos de la nave

La tradición de erigir monumentos a personas célebres comenzó a fines del siglo XVIII y continúa en el presente.

• Entre los monumentos de la nave se halla el de la Guardia de Incendios, que custodió la catedral durante la Segunda Guerra Mundial • Un monumento a uno de los militares y hombres de estado más importantes de Gran Bretaña, el Duque de Wellington, está en el lado norte de la nave. Wellington murió en 1852, pero su monumento sólo se terminó en 1912, al descubrirse su estatua ecuestre.

Para más información, ver página 20

- F – Placa recordatoria de la Guardia de Incendios
- G – Monumento del Duque de Wellington

G Monumento al Duque de Wellington

F Placa conmemorativa de la Guardia de San Pablo

La cúpula

La Catedral de San Pablo está construida en forma de cruz, con la cúpula sobre el crucero.

• Es una de las mayores cúpulas catedralicias del mundo, de 111,3 m de altura. Pesa aproximadamente 65.000 toneladas y la sostienen ocho pilares.

Para más información, ver páginas 26~27

A La cúpula y la Galería de los Susurros

A – La cúpula

A Detalle de las pinturas de la cúpula

Decoración de la cúpula

Entre los arcos hay mosaicos de profetas y santos, que se instalaron entre 1864 y 1888.

• Los murales de la cúpula son obra del pintor de la corte Sir James Thornhill entre 1715 y 1719, y representan escenas de la vida de San Pablo.

Para más información, ver páginas 26~27 y 32

A Uno de los mosaicos de la cúpula

El coro

El coro está al este del crucero de la catedral. Aquí se sientan normalmente el coro y el clero – sacerdotes – para los servicios.

- El coro fue la primera parte de la catedral que se construyó y consagró.
- Las sillerías del coro a ambos lados del antealtar exhiben delicadas tallas de Grinling Gibbons, cuya obra puede verse en muchos palacios reales y en grandes mansiones.
- El trono del obispo está en el lado sur. Una catedral toma su nombre de la silla del obispo (en latín, *cathedra*).

Para más información, ver página 29

B Las sillerías del coro

El órgano

El órgano se instaló en 1695 y se reconstruyó varias veces.

- Su caja, tallada por Grinling Gibbons, es uno de los objetos más bellos de la catedral.
- Tercer órgano en tamaño del Reino Unido, posee 7.189 tubos, cinco teclados y 138 registros.

Para más información, ver página 29

B = Las sillerías del coro
C = El trono del obispo
D = El órgano
E = El altar mayor

D El órgano

El altar mayor

Al principio, la catedral tenía una simple mesa como altar.

- El altar mayor actual data de 1958 y está hecho de mármol y roble tallado y dorado. Presenta un magnífico dosel construido según un diseño de Wren.
- Reemplaza a un amplio altar y retablo de mármol victoriano, dañado por una bomba durante la Segunda Guerra Mundial.

Para más información, ver página 30

E El altar mayor

Los mosaicos del coro

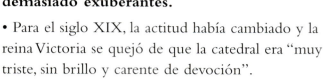

Wren deseaba decorar el interior de la cúpula con mosaicos, pero las autoridades de la catedral consideraron que éstos eran demasiado exuberantes.

• Para el siglo XIX, la actitud había cambiado y la reina Victoria se quejó de que la catedral era "muy triste, sin brillo y carente de devoción".
• Los mosaicos del coro se diseñaron e instalaron entre 1891 y 1904. • Se fabricaron en estilo bizantino, con cubos de vidrio irregulares colocados en ángulo, de manera que brillaran.
• Representan escenas de la creación del mundo y otros relatos bíblicos.

Para más información, ver página 32

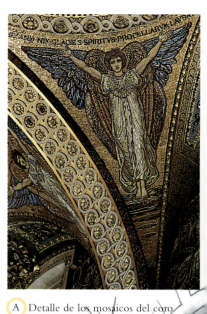

A Detalle de los mosaicos del coro

A — Los mosaicos del coro

El crucero norte

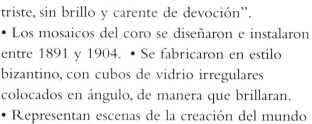

B — La Capilla de Middlesex
C — La pila bautismal de mármol
D — *La luz del mundo*

Los brazos centrales, cortos, de la planta baja de la catedral se llaman "cruceros" o "brazos del crucero".

D *La luz del mundo*

• El cuadro *La luz del mundo*, de William Holman Hunt, domina el crucero norte. Data de alrededor de 1900 y es la tercera versión pintada por Hunt. • La figura de Cristo, quien golpea a la puerta que se abre desde dentro, sugiere que Dios sólo puede entrar en nuestras vidas si Lo invitamos. • Aquí, en la Capilla Middlesex, se ofrecen servicios regulares. • Las banderas son del Regimiento de Middlesex; el mástil vacío corresponde a una bandera que se perdió en la Segunda Guerra Mundial. • La pila bautismal de mármol italiano en forma de urna data de 1727.

Para más información, ver página 33

C La pila bautismal de mármol

El deambulatorio

El deambulatorio es el pasaje en el ábside de la catedral.

• Los mosaicos de las naves laterales del coro presentan figuras de ángeles, un grifo (lado norte) y una mitra de obispo con el escudo de la Ciudad de Londres (lado sur). • Algunos de los diseños ofrecen desnudeces parciales – algo que se ve raramente en la decoración de las iglesias anglicanas.

Para más información, ver página 34

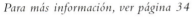

G Los mosaicos del deambulatorio

La nave lateral norte del coro

Las puertas de hierro forjado fueron diseñadas por Jean Tijou, maestro francés forjador de metales, quien estuvo a cargo de la mayor parte del trabajo decorativo en metal de la catedral.

• La escultura *Madre y niño* es de Henry Moore, quien es conmemorado en la cripta. • El monumento a los mártires modernos honra a los anglicanos que murieron por su fe desde 1850.

Para más información, ver página 34

E – La nave lateral norte del coro
F – La nave lateral sur del coro
G – El deambulatorio
H – La puertas de Tijou
I – *Madre y Niño*
J – El monumento a los mártires modernos

I *Madre y niño*, de Henry Moore   H Las puertas de Tijou

7

La Capilla Conmemorativa Americana

Esta capilla ocupa el ábside, es decir, el área que se halla detrás del altar mayor.

• Honra a los hombres y mujeres militares norteamericanos que fallecieron en la Segunda Guerra Mundial y se consagró en 1958. • El libro con la lista de honor contiene los nombres de más de 28.000 norteamericanos que dieron su vida en su camino hacia el Reino Unido o mientras se hallaban aquí, durante la Segunda Guerra Mundial.

A El libro de honor

Se guarda frente al altar de la capilla. • Las tres ventanas de la capilla datan de 1960. En ellas se representan temas militares y de sacrificio, mientras que la insignia de los bordes representa a los estados norteamericanos y a las fuerzas armadas de los Estados Unidos de Norteamérica.

• En los paneles de madera de tilo se observa un cohete, tributo a los logros norteamericanos en el espacio.

Para más información, ver página 34

A – La Capilla Conmemorativa Americana
A – El libro de honor
B – La Virgen y el Niño
C – La estatua de John Donne

A La Capilla Conmemorativa Americana

La nave lateral sur del coro

En esta nave lateral pueden verse una imagen de la Virgen y el Niño, que formaba parte del retablo victoriano, y las estatuas de dos obispos de Londres.

• Hay también una estatua de mármol de John Donne, deán de la catedral y uno de los más refinados poetas británicos, que murió en 1631. • Es una de las pocas estatuas que se salvó en el Gran Incendio de Londres; en su base pueden verse los vestigios del fuego.

Para más información, ver página 34

C John Donne

D El monumento al almirante Lord Nelson

El crucero sur

El monumento del almirante Nelson muestra al más célebre héroe naval británico, que murió en la batalla de Trafalgar en 1805, inclinado sobre un ancla.

• Su monumento exhibe un león, símbolo de que la persona recordada murió en combate. • Otras placas recuerdan al pintor paisajista JMW Turner y al explorador Capitán Robert Scott, quien murió al regresar del Polo Sur en 1912. • Hay tres calaveras sobre la entrada a la cripta, o cámara sepulcral.

Para más información, ver página 33

G Las tres calaveras

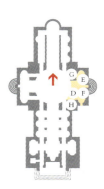

D – El monumento de Nelson
E – La placa de JMW Turner
F – La placa del Capitán Scott
G – Entrada a la cripta
H – Entrada a las galerías

Galerías

En el interior de la cúpula, a 259 escalones de la planta baja, está la Galería de los Susurros, llamada así porque un susurro contra la pared puede escucharse en el lado opuesto, a más de 32 m de distancia.

• Encima de la Galería de los Susurros está la Galería de Piedra y, más arriba aún, la Galería Dorada, a 378 y 530 escalones respectivamente. Tanto la Galería de Piedra como la Dorada rodean la cúpula en su parte externa y ofrecen vistas panorámicas de Londres. • La escalera que asciende a las galerías se halla en la unión del crucero sur con la nave.

Para más información, ver página 27

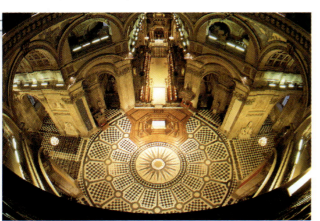

H Vista desde la Galería de los Susurros

La cripta

La cripta es la cámara sepulcral de la catedral. En 1936 se prohibieron los entierros en edificios públicos, salvo circunstancias especiales.

• Como hecho no común, la cripta de San Pablo abarca toda la extensión del edificio. • Sir Christopher Wren, arquitecto de la catedral, está enterrado en la nave lateral sur, en el extremo este de la cripta. • Junto a la tumba de Wren hay una piedra con la firma del arquitecto. La rodean las tumbas y placas recordatorias de su familia. • En el mismo sector de la cripta hay muchas tumbas y placas recordatorias de artistas plásticos, científicos y músicos. • Entre ellos están los pintores Sir Joshua Reynolds y Sir John Everett Millais, el científico Sir Alexander Fleming, descubridor de la penicilina, el compositor Sir Arthur Sullivan (de Gilbert y Sullivan), y el escultor Henry Moore.

H Busto de Sir Christopher Wren

Para más información, ver páginas 36~37

A – La tumba de Wren
B – Las placas recordatorias de artistas
C – Las placas recordatorias de científicos
D – La Capilla OBE

A La tumba de Sir Christopher Wren

La Capilla OBE

También en el extremo este de la cripta se halla la capilla que se dedicó a la Orden del Imperio Británico (OBE) en el año 1960.

• Los paneles de vidrio muestran a la actual soberana, escenas de la Comunidad, el comercio y los fundadores reales de la Orden.
• Los estandartes que cuelgan del techo representan a miembros de la Familia Real.

Para más información, ver páginas 36~37

D La Capilla OBE

El corazón de la cripta

El féretro del Duque de Wellington, que se halla en una cámara que conduce al centro de la cripta, era tan grande que hubo que bajarlo perforando el piso de la catedral.

E La tumba del Duque de Wellington

• Debajo de la cúpula yace el almirante Nelson. Su féretro había sido fabricado originalmente para el cardenal Wolsey, Lord Canciller de Enrique VIII. • Los restos de Nelson se conservaron en alcohol para transportarlos desde Trafalgar. • Estos dos grandes hombres están rodeados por otros que murieron en guerras, entre ellos, los que sucumbieron en Gallipoli, Corea, el Atlántico Sur y el Golfo. • En esta parte de la cripta se conmemora también a Florence Nightingale, George Washington y Lawrence de Arabia.

Para más información, ver páginas 38~39

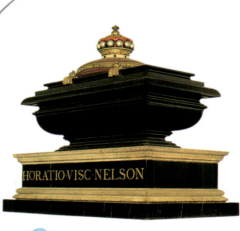

E — La tumba de Wellington
F — La tumba de Nelson
G — Placas recordatorias
H — El tesoro

F La tumba del almirante Lord Nelson

El tesoro

En esta sección se conservan los tesoros de la catedral y de otras iglesias londinenses, entre ellos estatuas de la antigua Catedral de San Pablo, platería, tejidos y modelos del edificio actual y anteriores.

Para más información, ver página 40

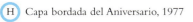

H Capa bordada del Aniversario, 1977

H Objetos ceremoniales del tesoro

La historia de la Catedral de San Pablo

Las catedrales han desempeñado siempre más de una función en las comunidades a las que sirven. El objetivo central es acercar el pueblo a Dios, pero, a través de los siglos, han sido también un centro de comercio, fortalezas y santuarios en tiempos bélicos, e importantes símbolos de posición social, reflejo de la riqueza y el poder de la región en la cual se encuentran.

Estas funciones asumen un significado adicional en el caso de la Catedral de San Pablo, catedral de la ciudad capital y, por extensión, de toda la nación. El edificio actual es también la primera catedral construida después de la creación de la Iglesia Anglicana en 1534, cuando la religión pasó a depender directamente del monarca.

En Inglaterra, la negativa del Papa a otorgar a Enrique VIII el divorcio de su primera esposa fue lo que provocó la reforma que unió inextricablemente a la Iglesia y el Estado bajo la dirección del monarca, quien es también Defensor de la Fe.

La Iglesia pertenece hoy al pueblo de la nación. Por ejemplo, los ciudadanos pueden contraer matrimonio o celebrar un funeral en su iglesia parroquial; los sacerdotes pueden casar a las parejas sin la presencia de un funcionario civil, y el Sínodo General, organismo gobernante de la Iglesia Anglicana, es la única institución fuera del Parlamento que tiene atribuciones para legislar.

Las catedrales son quizá el reflejo definitivo de esta inclusividad. A diferencia de las iglesias parroquiales, que están al servicio de la población local de la zona en que se encuentran, son un camino hacia Dios para la comunidad más amplia, un lugar de celebración y luto en el que pueden compartirse sentimientos y la magnificencia y belleza de la arquitectura, los servicios y la música permiten a los visitantes experimentar la serenidad y espiritualidad que son un contrapunto esencial al bullicio de la vida diaria.

604 d. C. ~ La primera Catedral de San Pablo

La Catedral de San Pablo domina la Ciudad ("City") de Londres, el corazón de la capital, donde se establecieron los primeros asentamientos humanos. La Ciudad comprende sólo 1,6 km² y es casi un estado dentro de otro, orgullosa de su jerarquía y sus tradiciones.

En la Edad Media hubo incluso planes de dirigir la Ciudad de Londres como una comuna separada del resto del país. Como consecuencia, Londres se autogobernó virtualmente durante unos años. Aún hoy, la reina tiene que solicitar permiso oficial al Lord Alcalde cuando desea entrar en la Ciudad.

En el emplazamiento de la catedral hubo iglesias y monumentos religiosos desde la época de los romanos. Así lo registró Wren, al comenzar las excavaciones para su edificio: "Descubrimos cantidades de urnas, vasos rotos y cerámica ... Tumbas de varias edades y estilos en capas de terreno diferentes, superpuestas ... evidenciaban de forma manifiesta una gran antigüedad, de las épocas romana y británica".

En el año 604 se construyó en el lugar la primera catedral cristiana dedicada a San Pablo, para Mellitus, obispo de los sajones del Este. Este edificio de madera se quemó en el año 675 y se reconstruyó diez años después, para ser destruido por los vikingos en el año 962. Se edificó entonces una nueva catedral de piedra.

1087 ~ La antigua Catedral de San Pablo

Después de un incendio en el año 1087 en la Ciudad, hubo que reconstruir nuevamente la iglesia. Los normandos, que acababan de conquistar Gran Bretaña, se habían propuesto crear la iglesia cristiana más grande del mundo. Se terminó en 1240, pero antes de que hubieran pasado veinte años se iniciaron los trabajos de ampliación que duraron hasta 1314. La catedral se consagró finalmente en 1300, más de dos siglos después de haberse iniciado la construcción.

El edificio era de piedra, pero el techo se hizo de madera, ya que de piedra hubiera sido muy pesado. Esta elección de un material altamente inflamable debía tener desdichadas consecuencias para la antigua Catedral de San Pablo al producirse el Gran Incendio de Londres, más de tres siglos después.

Con el transcurso de los siglos, la catedral románica se había deteriorado gradualmente. Después de tres investigaciones a principios del siglo XVII, se inició la restauración, a cargo del arquitecto Inigo Jones, que edificó también la Banqueting House en Whitehall.

La nave y los cruceros se recubrieron con piedra de Portland en un estilo clásico y la fachada occidental se remodeló con un pórtico de nobles proporciones. Pero, en 1642, la Guerra Civil inglesa interrumpió los trabajos en lo que era ya el edificio clásico más importante del país.

Durante la república – llamada entonces "Comunidad" – instaurada después de la ejecución de Carlos I, en 1649, el país perdió respeto por la Iglesia. La ruina invadió muchos lugares de culto y la antigua Catedral de San Pablo no fue una excepción. El santuario se usó como establo; en la nave hubo un mercado y por el crucero pasaba una calle. Alguien anotó que "el magnífico pórtico ... [había] sido convertido en tiendas de costureras y otros negocios".

Al restaurarse la monarquía en 1660, el nuevo rey, Carlos II, expulsó a los mercaderes y comenzó a devolver a la deteriorada catedral su antigua jerarquía. En 1662 se habilitó el coro para servicios religiosos, mientras se reparaba el resto del edificio. Un año después se creó una Comisión Real para examinar el estado del edificio y se le pidió a Christopher Wren que preparara un estudio para su restauración.

En agosto de 1666 se aceptó el plan de Wren, pero antes de comenzar los trabajos se produjo el Gran Incendio.

Vista de Londres de 1650 en que se ve la Catedral de San Pablo (a la izquierda) sin su chapitel, destruido por un rayo.

1666 ~ El Incendio de Londres

El incendio se inició el 2 de setiembre y destruyó dos tercios de la Ciudad de Londres. Duró cuatro días con sus noches, quemando 13.200 casas y 87 iglesias parroquiales, así como la Catedral de San Pablo. Milagrosamente fallecieron menos de 20 personas. El diarista John Evelyn, de la comisión para reparar la antigua catedral, la visitó el 7 de setiembre y lamentó su devastación.

"Así yace en cenizas la iglesia más venerable, una de las muestras más antiguas de temprana piedad del mundo cristiano," escribió con tristeza.

Carlos II y el Lord Alcalde rápidamente nombraron una nueva comisión para organizar la reconstrucción de la Ciudad y, a sólo nueve días de haberse iniciado el incendio, Wren presentó un plan que era una fiesta de luz, con calles que irradiaban a partir de edificios importantes, como los rayos del sol. El plan comprendía también un proyecto para una nueva catedral, con piedra dorada y un interior luminoso con ventanas de vidrio claro y pintura dorada.

Desdichadamente para Wren, los habitantes de la Ciudad, que necesitaban con urgencia lugares para vivir y trabajar, comenzaron a reconstruirla inmediatamente. El plan de Wren nunca llegó a concretarse.

Sir Christopher Wren

Wren fue una de las figuras más extraordinarias de su tiempo. Aunque ahora se lo conoce sobre todo como arquitecto, también fue astrónomo, científico y matemático de un talento tal que Sir Isaac Newton, quien descubrió la ley de gravedad, lo consideró uno de los tres grandes geómetras del mundo.

A lo largo de su vida, produjo una serie constante de invenciones, desde una máquina neumática y un instrumento para copiar la escritura hasta un método para fortificar el vino oporto y una máquina para tejer nueve pares de medias simultáneamente.

314 d.C. ~ Restitutus es nombrado primer obispo de Londres. Se desconoce el emplazamiento de su catedral.

675 ~ Se incendia la primera catedral.

962 ~ Se reconstruye la primera catedral después del saqueo vikingo.

1310 ~ Se concluyen los trabajos en la catedral, después de dos siglos de haberse iniciado.

1561 ~ La reina Isabel I contribuye a la reparación de los daños causados por un rayo en la catedral.

1668 ~ Se encarga a Wren un nuevo proyecto para la catedral.

604 d.C.
Se construye la primera catedral de San Pablo.

1087
La antigua catedral se construye en estilo románico.

1666
El Gran Incendio de Londres destruye la antigua catedral de San Pablo.

Su imperecedero afecto hacia Oxford, donde estudió, en Wadham College, y donde fue profesor de Astronomía desde 1661 hasta 1673, se refleja en los magníficos edificios que creó allí, entre ellos el teatro Sheldoniano, St John's College y la Tom Tower de Christ Church.

En Cambridge diseñó las capillas de Pembroke y Emmanuel Colleges y la biblioteca de Trinity College. Para la realeza y el estado, sus encargos comprendieron el Observatorio y el Hospital de Greenwich, el Hospital de Chelsea y amplios trabajos en los palacios de Hampton Court y Kensington.

Pero su gran pasión fue la Ciudad de Londres, donde diseñó muchos de los edificios que reemplazaron a las iglesias destruidas en el Gran Incendio. Su fascinación por los edificios religiosos se explica quizá con su definición del fin de su trabajo: "La arquitectura tiene por objetivo la eternidad."

1668 ~ La demolición de la catedral antigua

En la antigua catedral se efectuaron reparaciones provisionales, pero la estructura carecía de firmeza. Finalmente, en 1668, se le pidió a Wren que elaborara un proyecto para un edificio nuevo. "Lo que haremos a continuación es la deliberación presente, en la cual usted es tan absoluta e indispensablemente necesario para nosotros que no podemos hacer nada . . . sin usted", le escribió el deán, William Sancroft, con desesperación.

El mismo año se inició la demolición de la antigua catedral. Wren, como supervisor de las obras reales, estaba a cargo del trabajo e inicialmente resolvió experimentar con pólvora. Como muchas técnicas nuevas, ésta no era fácil de dominar y los vecinos se quejaron del ruido y los daños, de manera que Wren optó por emplear un ariete.

El escritor Samuel Pepys anotó en su diario el 26 de agosto de 1668: "Es extraño ver con qué velocidad el personal empleado derrumba el chapitel de [San] Pablo y con qué facilidad."

1669 ~ Se rechaza el primer proyecto de Wren para la catedral.

1674 ~ Wren, frustrado por todas las demoras, trabaja en un tercer proyecto.

1697 ~ El 2 de diciembre se celebra el primer servicio en el coro, donde se había iniciado la construcción.

1709 ~ La catedral comienza a cobrar entrada a los visitantes.

1673
Se abandonan el segundo proyecto y el Gran Modelo de Wren.

1675
El "Warrant Design" de Wren recibe la aprobación real.

1698
La estructura llega a la altura de la Galería de los Susurros y se inicia el trabajo en la cúpula.

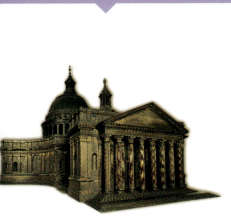
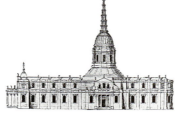
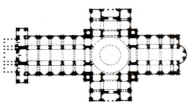

1669-1675 ~ Los proyectos

Wren elaboró el primer proyecto en 1669. Fue rechazado, por ser demasiado extranjerizante y no lo suficientemente tradicional.

En 1673, Carlos II encargó el trabajo de reconstrucción utilizando el segundo proyecto como guía. Este plano se basaba en una cruz griega, con los cuatro brazos de igual longitud, y era el preferido de Wren.

El rey también encargó la preparación de una representación a escala, llamada ahora "Gran Modelo" y que se exhibe en la Sala del Trofeo de la catedral, de manera que hubiera una "norma y dirección invariables" para el trabajo.

Pero este proyecto también debió abandonarse. Desde el punto de vista práctico, no podía llevarse a cabo por etapas y las autoridades carecían del dinero suficiente para pagar todo el trabajo de una vez. El otro problema era que los sacerdotes, de gustos anticuados, insistían en que la catedral siguiera el modelo convencional de la cruz latina, es decir, con la nave más larga que las otras secciones.

Para entonces, Wren estaba sumamente irritado con las críticas y las demoras. Finalmente elaboró un tercer proyecto, que recibió el nombre de "Warrant Design", al recibir la aprobación real el 14 de mayo de 1675. En esta versión, una cúpula, que satisfacía el gusto de Wren, se asentaba, para complacer a los clérigos, sobre una cruz latina.

Habiendo efectuado esta concesión, el arquitecto no estaba dispuesto a ceder a más presiones. Pronto escribió: "El supervisor ha decidido no preparar más modelos, ni exponer públicamente sus dibujos, lo que (como ha experimentado) no constituye más que una pérdida de tiempo y somete muchas veces su trabajo a jueces incompetentes."

Wren, sin embargo, se creyó autorizado a cambiar él mismo el proyecto. Cuando el rey le dio libertad para "efectuar algunas variaciones, más bien ornamentales, que esenciales, cada vez que lo considerara apropiado", aprovechó para cambiar las proporciones del edificio y abandonar la idea de colocar un chapitel sobre la cúpula.

1723 ~ Sir Christopher Wren fallece a la edad de 91 años. En sus últimos años visitó periódicamente la catedral para sentarse y contemplar su obra maestra.

1810 ~ En un audaz asalto se roba la mayor parte del oro y la plata ceremonial de la catedral.

1710
Se concluye la nueva catedral.

1806
Se celebra un servicio funeral para el almirante Lord Nelson.

1852
El funeral del Duque de Wellington.

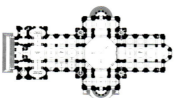

1675-1710 ~ El nacimiento de la nueva catedral

Los primeros contratos de edificación se firmaron en julio de 1675. Exactamente 35 años después la catedral estaba terminada, lo que hizo de ella la primera catedral inglesa concluida en vida del arquitecto original. Esta rapidez fue aún más notable porque, como consecuencia de la peste que había asolado el país en 1665, había escasez de mano de obra experta.

A pesar de ello, Wren reunió a artistas y artesanos de primera categoría para trabajar en el edificio. Él mismo participó activamente, contratando y supervisando personalmente a los trabajadores, analizando las cuentas y visitando la obra todos los sábados.

Aun así, algunos pensaron que el trabajo era muy lento y, en 1697, persuadieron al Parlamento para que suspendiera la mitad del sueldo de Wren hasta que el edificio estuviera terminado, ejerciendo de esa manera presión sobre el arquitecto.

La construcción de los muros perimetrales se inició finalmente y el trabajo se realizó detrás de tabiques, en parte para ocultar los cambios que Wren introducía al proyecto aprobado, pero también para que nadie viera el edificio hasta que estuviera concluido - a menos que pagara.

La catedral ha estado cobrando entrada a los turistas desde 1709. En efecto, una suspensión temporal de la entrada de dos peniques en el siglo XIX produjo un caos, según un observador. "En menos de una hora, 2.000 y 3.000 personas entraron en la iglesia, muchos del peor aspecto, con sus sombreros puestos, riéndose, hablando y haciendo un alboroto totalmente incompatible con una idea de religión", escribió.

"Aun cobrando, vemos mendigos, hombres con bolsas, mujeres que tejen, grupos que comen sus meriendas, perros, niños que juegan, risotadas y conversaciones en voz alta, y todo tipo de escena incompatible con la solemnidad del culto."

El edificio no se pagó con las entradas, sino con un impuesto especial sobre el carbón que ingresaba en el puerto de Londres, que se estableció para solventar la reconstrucción de la Ciudad después del Gran Incendio. De acuerdo con las cuentas de la catedral, el coste total del nuevo edificio fue de £738.845, 5 chelines, 2½ peniques, equivalentes a unos 50 millones de libras esterlinas actuales.

1901 ~ Un servicio conmemorativo en homenaje a la reina Victoria se celebra simultáneamente con su entierro en Windsor.

1939 ~ La Guardia de Incendios de San Pablo se forma nuevamente para ayudar a los bomberos de la ciudad a combatir las primeras bombas incendiarias de la Segunda Guerra Mundial.

1944 ~ Las campanas de la catedral, en silencio durante la guerra, repican para celebrar la liberación de París.

1897
El servicio del Aniversario de Diamante de la reina Victoria.

1935
El servicio del Aniversario de Plata del rey Jorge V.

1940
La catedral es blanco de ataques con bombas durante el Blitz.

1697 ~ El primer servicio

Aunque la construcción de la catedral se concluyó en 1710, algunas secciones estaban ya en uso trece años antes. La primera sección en terminarse fue el coro, que se abrió al culto el 2 de diciembre de 1697.

Un espectador comentó: "Fui a San Pablo a ver el coro ya terminado... El sistema de sacar los bancos de debajo de las sillerías, como si fueran cajones, es muy ingenioso." El primer servicio fue una acción de gracias por la paz, al final de la guerra entre Inglaterra y Francia. En su sermón el obispo Henry Compton se expresó apropiadamente: "Me alegré cuando me dijeron: 'Entremos en la casa del Señor'."

Las imágenes de éste y otros servicios posteriores muestran a la congregación sentada muy alto en las sillerías del coro. El púlpito, que poseía ruedas, para que pudiera trasladarse según los diferentes servicios y tamaños de la congregación, estaba enfrente.

Una triste conclusión

Hacia el final del proyecto, los planos de Wren eran a menudo ignorados. En el año 1711, se quejó a la reina Ana de que le habían quitado dos importantes trabajos: la decoración de la cúpula y la construcción de la verja del patio de la iglesia. Pidió el saldo de su sueldo y junto con el dinero recibió agudas críticas.

Más tarde, hubo un tumulto aún mayor al construirse una balaustrada alrededor de los muros exteriores y dejar de tener Wren influencia sobre la terminación de la catedral. Aun así, continuó viniendo periódicamente hasta su muerte a la edad de 91 años, en 1723, para sentarse bajo la cúpula y contemplar su obra maestra.

1945 ~ Diez servicios sencillos se celebran para señalar el fin de la guerra en Europa. Asisten aproximadamente 35.000 personas.

1964 ~ Martin Luther King, defensor de los derechos humanos, habla en la catedral en su viaje a Oslo para recibir el premio Nobel de la Paz.

1968 ~ La catedral refleja el ánimo de los años sesenta al celebrar un Festival de la Juventud, con la cantante Mary Hopkin.

1980 ~ Se celebra un servicio en el 80° cumpleaños de la Reina Madre, quien recibe un medallón de plata de la catedral para festejar el acontecimiento.

1951
El rey Jorge VI inaugura el Festival de Gran Bretaña desde la catedral.

1965
El funeral de Winston Churchill.

1977
Se celebra un servicio conmemorativo del Aniversario de Plata de Isabel II.

Una tradición de servicio público

El servicio de acción de gracias de 1697 fue sólo el primer acontecimiento de importancia nacional que se celebró en la nueva catedral. La Catedral de San Pablo ha sido el centro de homenaje público a héroes como el almirante Nelson, el Duque de Wellington y Winston Churchill. Nelson, cuyos restos se llevaron en barcaza a la catedral, era tan popular que los marineros que lo trajeron desgarraron la bandera para llevarse los trozos como recuerdo. Para el funeral de Wellington, la catedral se iluminó con gas por primera vez.

La catedral también proveyó un trasfondo para acontecimientos más felices, entre ellos muchos servicios de acción de gracias. En 1789 tuvo lugar un servicio para celebrar la recuperación de la salud de Jorge III, tras un ataque de manía. De forma similar se celebró en 1872 la recuperación de Eduardo, Príncipe de Gales, después de una grave enfermedad.

Veinticinco años más tarde tuvo lugar un servicio para conmemorar los 60 años en el trono de la reina Victoria, su Aniversario de Diamante. El sermón se pronunció en los escalones de la catedral, mientras que la reina, de 78 años, permanecía cerca, sentada en su carroza descubierta. En 1977, la reina Isabel II celebró su Aniversario de Plata en la catedral.

Muchos servicios de acción de gracias se celebraron para señalar el fin de la participación de Gran Bretaña en conflictos armados, entre ellos la guerra de las Malvinas y del Golfo. También ha habido acontecimientos periódicos del calendario de la catedral, tales como el festival anual para niños educados por sociedades de beneficencia, que se celebró durante todo el siglo XIX. Los servicios anuales de los gremios de la ciudad tienen mil años de antigüedad.

Hoy la catedral está asociada quizá más estrechamente con las bodas de Carlos, Príncipe de Gales y Lady Diana Spencer, en 1981, en una ceremonia que 750 millones de personas de todo el mundo vieron por televisión. La elección de la Catedral de San Pablo, el templo más importante de la nación, en lugar de la iglesia del monarca, la abadía de Westminster, por parte de los contrayentes, fue un indicio de su misión de convertirse en el príncipe y la princesa del pueblo.

1992 ~ La Reina Madre asiste a los festejos del 40° aniversario de los Amigos de la Catedral de San Pablo.

1996 ~ Los arqueólogos descubren fragmentos del magnífico pórtico de Inigo Jones, trascurridos 330 años del Gran Incendio.

2000 ~ La Reina Madre durante el servicio de gracias para celebrar su centenario, celebrado en S. Pablo el 11 de julio del 2000.

1981 La boda de Carlos, Príncipe de Gales, con Lady Diana Spencer.

1995 Un servicio celebra el 50° aniversario del fin de la Segunda Guerra Mundial en Europa.

1997 Los 300 años de la catedral de San Pablo.

El patrimonio de una nación

La magnificencia y grandeza de la Catedral de San Pablo pueden ser abrumadoras. Pero detrás de cada bloque de piedra, de cada talla, mosaico o monumento hay una historia de pericia, pasión, tragedia o triunfo humanos. Esta sección estudia con profundidad la catedral y a quienes han contribuido a su desarrollo.

La nave

Con el transcurso de los años la catedral ha sufrido muchos cambios, pero la primera impresión para un visitante de nuestros días es aproximadamente la misma que su arquitecto, Sir Christopher Wren, quiso para ella hace tres siglos: una vista sin obstáculos del largo total de la catedral.

Entre los 300 monumentos de la catedral destaca el del Duque de Wellington, quien murió en 1852. Aunque Wellington fue primer ministro desde 1828 hasta 1830, se lo conoce más por sus hazañas militares, en particular la derrota de Napoleón en Waterloo en 1815.

Después de su muerte, 13.000 personas colmaron la catedral – en la actualidad el cuerpo de bomberos establece un límite de 2.500 personas dentro del edificio. Desgraciadamente, el Duque llegó tarde a su propio funeral. Su carruaje fúnebre, decorado con trofeos de guerra y con una carga de 18 toneladas, era tan pesado que los caballos no podían ascender la colina hacia la catedral. Se llamó a los marineros del cercano Sindicato de Londres para que empujaran el carruaje lo que quedaba del camino, creando así la tradición de que los marineros lleven la cureña en funerales oficiales.

Muchas otras figuras militares se recuerdan en las naves laterales, entre ellos 33.000 miembros de la marina mercante y flotas pesqueras que fallecieron durante la Segunda Guerra Mundial y el general de división Charles Gordon, quien fue llamado "Gordon de Khartum", después de su asesinato en 1885 y de un sitio de diez meses de la capital sudanesa. Su estatua de bronce lleva la siguiente inscripción: "Salvó un imperio con su genio guerrero; gobernó vastas provincias con justicia, sabiduría y poder."

Las obras de arte comprenden una estatua de Sir Joshua Reynolds, quien fue primer presidente de la Academia Real en 1768 y está enterrado en la cripta, y un monumento a Lord Leighton, pintor y escultor del siglo XIX. Esta estatua incluye una de las propias estatuas de Leighton, *El holgazán*, en miniatura. Está flanqueada por dos musas, la escultura a la derecha y la pintura a la izquierda.

Placas con los nombres de todos los deanes de la catedral desde la conquista normanda en el año 1066 y los obispos de Londres desde el año 314 d.C. están ubicadas en las naves laterales norte y sur, respectivamente. El primer obispo de Londres es registrado como Restitutus, pero el sitio en que se levantaba su catedral sigue siendo un misterio. Después de Restitutus hay un vacío de cerca de tres siglos, en los que Londres se convirtió en ciudad pagana al alejarse los romanos de Gran Bretaña. No aparece mencionado ningún otro obispo hasta el año 604.

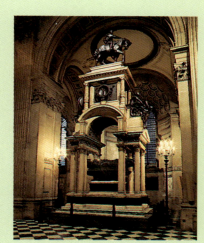

Esta página
El monumento del Duque de Wellington

Página opuesta
Vista de la cúpula y el altar mayor

La Capilla de San Miguel y San Jorge

Esta capilla era originalmente la corte del consistorio, el lugar donde el obispo juzgaba al clero o sacerdotes. Se convirtió en oficina temporal para la construcción del monumento de Wellington entre 1858 y 1878.

Alfred Stevens, artista inglés, quien pasó más de los últimos 20 años de su vida trabajando en el monumento, lo diseñó hacia 1856. Su discípulo Hugh Stannus terminó la estructura principal en 1878, tres años después de la muerte de Stevens. En 1901, un tercer artista, John Tweed, comenzó a trabajar en la escultura del duque en su caballo de guerra Copenhagen. Ésta se añadió finalmente al monumento en 1912, trascurridos 60 años de la muerte de Wellington.

La capilla alojó el monumento de Wellington hasta 1894 y a partir de entonces se usó como baptisterio, donde se inicia formalmente a las personas en el cristianismo. En 1906, tras la remodelación, la capilla se dedicó a la Orden de San Miguel y San Jorge, organismo fundado en 1818 para honrar a quienes se distinguieron en ultramar y en asuntos exteriores.

Tanto San Miguel como San Jorge están representados en la capilla. Una estatua de San Jorge se halla en el retablo del altar, mientras que la escultura inferior muestra a San Miguel pisoteando a los siete pecados capitales. El artista, Edwin Russell, eligió a un oso para simbolizar la ira; un lobo, la avaricia; una serpiente, la envidia; un ave de rapiña, la gula; un pavo real, el orgullo y un sapo, la pereza. El séptimo pecado, la lujuria, es el rostro de una mujer, que se dice tiene enorme semejanza con el de la esposa del escultor.

Sobre las sillerías de la capilla hay estandartes de los caballeros actuales de la Orden. Cuando un caballero muere, el estandarte es devuelto a la familia y se coloca una placa esmaltada en los atriles de las sillerías, como recordatorio.

La Capilla de San Dunstán

Esta capilla, consagrada en 1699, fue la segunda parte del edificio de Wren que comenzó a usarse después del coro. En 1905, se dedicó a San Dunstán, obispo de Londres y arzobispo de Canterbury hace mil años. Antes se llamaba "Capilla de la Mañana", ya que allí se ofrecía diariamente el servicio matutino.

El tabique de roble de la entrada es obra de uno de los maestros tallistas de Wren y representa un escudo del Deán y el Capítulo, querubines alados y urnas llameantes, símbolo de eternidad.

La Capilla de los Difuntos

Ubicada en la planta baja de la torre noroeste, esta capilla se dedicó en 1925 a la memoria del mariscal de campo Lord Kitchener (1850-1916) y a los militares que fallecieron en la Primera Guerra Mundial. Se la llama también "Capilla Conmemorativa de Kitchener".

Kitchener fue un soldado y reformador militar que prestó servicios en África y en la India. A principios de la Primera Guerra Mundial reestructuró el ejército británico, pero su logro más célebre fue la más efectiva campaña de reclutamiento de la historia militar británica, que tenía por lema: "¡El país te necesita!" La imagen de Kitchener apuntando con un dedo al espectador ha sido imitada a menudo y se hizo popular como cartel en los años sesenta.

Entre los objetos de la capilla hay esculturas de los santos militares San Miguel y San Jorge, una bella piedad – la Virgen María con el cuerpo de Cristo – y una estatua de Lord Kitchener. Los ciriales plateados del altar fueron hechos con trofeos ganados por la Brigada de Fusileros de Londres, fundidos.

Página opuesta
La Capilla de la Orden de San Miguel y San Jorge

Esta página
Arriba: La Capilla de los Difuntos, o Capilla Conmemorativa de Kitchener
Abajo: Capilla de San Dunstán

EL DEMONIO Y SAN DUNSTAN

Según la leyenda, San Dunstán fue un habilidoso forjador que consiguió herrar al Demonio. A cambio, hizo prometer a Satanás que nunca entraría en una casa que tuviera una herradura clavada encima de la puerta. A menudo se lo representa sosteniendo al Demonio, a veces de la nariz, con un par de tenazas.

MEDIDO EN DIAS

Como arquitecto y astrónomo, Wren estaba acostumbrado a referirse a los movimientos de los planetas y combinó sus dos profesiones al diseñar una estructura de 365 pies (111,3 m.) de altura según el número de días del año, el tiempo que la Tierra tarda en dar la vuelta alrededor del sol.

Esta página
La cúpula vista desde abajo

Página opuesta
Arriba: Detalle de los murales de Thornhill
Abajo: El piso debajo de la cúpula

La cúpula

Wren se había propuesto coronar su iglesia con una elevada cúpula en lugar de un chapitel, aunque aquélla no fuera común en la Inglaterra del siglo XVII.

La reconstrucción de la catedral estaba rodeada de superstición, pero un incidente al comienzo se interpretó como un buen auspicio. El hijo de Wren, Christopher, escribió en su libro *Parentalia*: "Cuando el supervisor ... [Wren] hubo fijado ... la dimensión de la gran cúpula y su centro, se le pidió a un trabajador que trajera una piedra ... que sería colocada como marca y guía para los albañiles; sucedió ... que la piedra era un trozo de lápida sepulcral, de cuya inscripción sólo quedaba una palabra en mayúsculas: 'RESURGAM'."

El significado de esta palabra latina – "Me levantaré nuevamente" – no pasó inadvertido al arquitecto, quien la hizo tallar en el frontón de la puerta del crucero sur de la catedral.

La construcción de una estructura tan grande creó problemas técnicos complejos, pero Wren halló soluciones a la vez ingeniosas y estéticamente agradables.

Para resolver la dificultad de unir la cúpula circular al resto de la catedral, por ejemplo, utilizó ocho arcos de apoyo.

Wren se proponía decorar el interior de la cúpula con mosaicos y hasta seleccionó a cuatro artistas italianos para la obra. Pero, en 1709, los Comisionados de la Catedral nombraron a John Thornhill, artista decorador inglés, para que la pintara de un solo color, en parte porque el mosaico era caro y llevaba tiempo y en parte porque un medio decorativo tal se creyó demasiado extranjerizante y complicado. Thornhill, quien se había hecho famoso con su trabajo en el palacio de Hampton Court, comenzó a trabajar seis años después y terminó en 1719.

Para fines del siglo XVIII, los murales sufrían los efectos del clima británico y del "smog" de Londres. Hacia mediados del XIX, eran casi invisibles. Al contratar a un pintor para limpiar las pinturas en 1853, el daño era tan grande que aquél terminó pintando nuevamente gran parte del techo. Lo que se ve en la actualidad no es, por lo tanto, original, aunque las pinturas se copiaron de bocetos de Thornhill.

Las galerías

La cúpula es una de las mayores del mundo, comparable en tamaño con la de San Pedro, en Roma. Para evitar que pareciera un embudo oscuro, Wren hizo la cúpula interior mucho más baja que la exterior.

La Galería de los Susurros se extiende en la circunferencia interior y está a 259 escalones de la planta baja. Tomó su nombre de una encantadora particularidad en su construcción, que hace que un susurro contra sus muros se escuche en el lado opuesto.

La decorativa barandilla de metal de la galería fue diseñada y fabricada por Jean Tijou, maestro forjador francés, quien también creó las puertas, bellamente forjadas, del altar mayor. Tijou trabajó en algunas de las importantes mansiones del país, como el palacio de Hampton Court. A diferencia de muchos artistas, también podía emplear su talento en proyectos prácticos: fue él quien fabricó las fuertes cadenas que Wren usó para dar estabilidad a los andamios de la cúpula.

Hay otras dos galerías más elevadas que circundan la cúpula en su exterior, la Galería de Piedra, a 53,4 m de altura y a la que se llega subiendo 378 escalones, y la Galería Dorada, mucho más pequeña, que rodea el punto más elevado de la cúpula exterior, a 85,4 m y 530 escalones de la planta baja.

Durante la edificación de la cúpula y las galerías, Wren ascendía y descendía en un cesto al menos una vez a la semana para supervisar el trabajo. Tenía 76 años para cuando la obra fue terminada, en 1708, y estuvo presente cuando su hijo colocó la última piedra.

Página opuesta
La cúpula, el altar y el coro

Esta página
El órgano en el lado sur del coro

INTERRUPCION ABRUPTA

Mendelssohn siguió tocando el órgano durante tanto tiempo después de un servicio, que la congregación no quería marcharse y el personal de la catedral terminó abruptamente con la función dejando salir el aire del órgano.

El coro

Cuando se construyó la catedral era normal que la nave y el coro estuvieran separados por un tabique. La Catedral de San Pablo tenía un complicado tabique sobre el cual se encontraba el órgano, lo cual desagradaba a Wren porque obstruía la visión de la iglesia.

En el transcurso de los siglos, el órgano se cambió de ubicación, se reconstruyó y modificó varias veces. Uno de los principales cambios se produjo en 1871, cuando se retiró el tabique y el órgano se dividió en dos partes.

El órgano había sido fabricado para la catedral por un alemán conocido como "Padre" Schmidt y se instaló en 1695 - tradicionalmente, el fabricante del órgano disfrutaba del título honorífico de "Padre". Schmidt provocó la irritación de Wren por su demora y por haber casi incendiado la catedral. También había pedido que se alteraran los planos de la catedral para dar lugar al enorme instrumento, aparentemente haciendo que Wren replicara con brusquedad: "No voy a modificar mi iglesia por una caja de silbatos."

Una importante mejora fue la instalación de un segundo diapasón, que permite escuchar la música en la parte posterior de la catedral, suprimiendo un eco de nueve segundos y haciendo que la congregación del fondo se mantenga en armonía con la del frente.

Los compositores Haendel y Mendelssohn tocaron este órgano en muchas ocasiones. Para Haendel la principal atracción era su juego de pedales, una rareza en el siglo XVIII, mientras que Mendelssohn prefería la pedalera-C, que mejoraba sus interpretaciones de Bach.

El historiador de la música George Burney escribió: "Haendel, después de las plegarias de las tres de la tarde, a menudo se encerraba . . . en la iglesia . . . y en verano se ponía en camisa y tocaba hasta las ocho o las nueve de la noche."

Aunque el órgano ha sufrido muchas modificaciones, conserva su caja original, tallada con su delicadeza característica por el escultor anglo-holandés Grinling Gibbons, quien también creó las exquisitas decoraciones de las sillerías del coro, por las cuales se dice que Gibbons recibió la suma de 33 chelines – aproximadamente £128 de hoy. "Antes de Gibbons no ha habido nadie que haya dado a la madera la ligereza airosa y suelta de las flores . . . con el desorden natural de cada especie", escribió un comentarista.

En el sur del coro hay un púlpito moderno tallado en roble y tilo, que se instaló en 1964 para celebrar el 250° aniversario de la conclusión de la catedral.

El trono del obispo, generosamente decorado con flores, hojas, guirnaldas y querubines alados, también se halla en el coro. Dentro hay una silla de respaldo alto con el emblema del obispo Compton, quien predicó en el primer servicio de la catedral.

El altar mayor

El altar original de la catedral era una simple mesa de madera, que resultó pequeña para el gusto victoriano. De modo que, en 1888, un altar amplio y decorado con un monumental retablo de mármol se instaló en el centro del coro, pero duró poco más de 50 años: una bomba cayó en el coro en 1940, dañando el retablo, que debió reemplazarse. Después de la guerra también se quitó el resto del altar.

El altar mayor actual se instaló en 1958, como centro de culto y recordatorio del pueblo británico de los 335.451 ciudadanos de la Comunidad que murieron las dos guerras mundiales. Su base es una losa de mármol italiano que pesa cuatro toneladas y su magnífico dosel se diseñó según un boceto de Wren. Ese diseño había sido rechazado por los sacerdotes de la época de Wren, que lo consideraron ofensivamente decorativo. La estructura está coronada por una imagen dorada de Cristo bendiciendo con su mano derecha extendida.

A cada lado del altar mayor hay dos enormes ciriales tallados, copias de un par encargado por el cardenal Wolsey en el siglo XVI para que se colocaran junto a su féretro. Antes de que este laborioso monumento fuera utilizado, el cardenal se enemistó con el rey Enrique VIII, quien inmediatamente confiscó el féretro y los ciriales sin terminar.

Los ciriales se terminaron con el propio emblema de Enrique, las rosas y el escudo Tudor, y el republicano Oliver Cromwell los vendió a una catedral belga en el siglo XVII. También existen copias en la Capilla de San Jorge, del Castillo de Windsor, y en el Victoria & Albert Museum, de Londres.

El féretro de Wolsey estuvo en el Castillo de Windsor hasta la victoria y muerte del almirante Nelson en la batalla de Trafalgar en 1805, cuando se estimó apropiado para un héroe nacional. El sombrero de cardenal original tallado en la parte superior se reemplazó entonces por una corona de vizconde, antes de enterrar a Nelson en la cripta de la catedral.

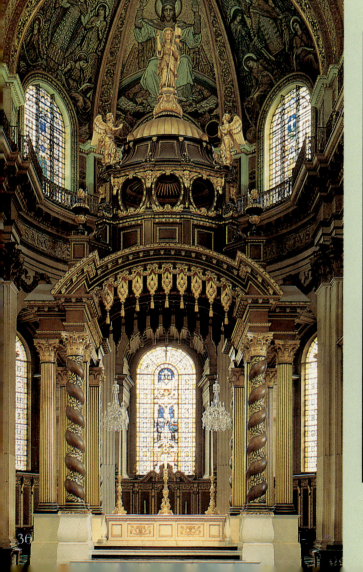

REPARACION DEL DAÑO

La bomba que atravesó el techo del coro en 1940 produjo un gran daño en el este de la catedral, así como en el altar. Como parte de su reconstrucción, se creó la Capilla Conmemorativa Americana, financiada por el pueblo británico.

En 1945 se lanzó una petición nacional de fondos, que comprendió un documental filmado por el deán de la catedral. La película se exhibió en los cines de todo el país e integrantes del Servicio Voluntario Real de Mujeres recibieron donaciones.

Se recogieron más de £57.000 (equivalentes a £1,28 millones de hoy), desde cheques de compañías ricas hasta peniques de niños de orfanatos.

Esta página
El altar mayor, que es también un monumento de guerra

Página opuesta
Vista de la catedral desde el este

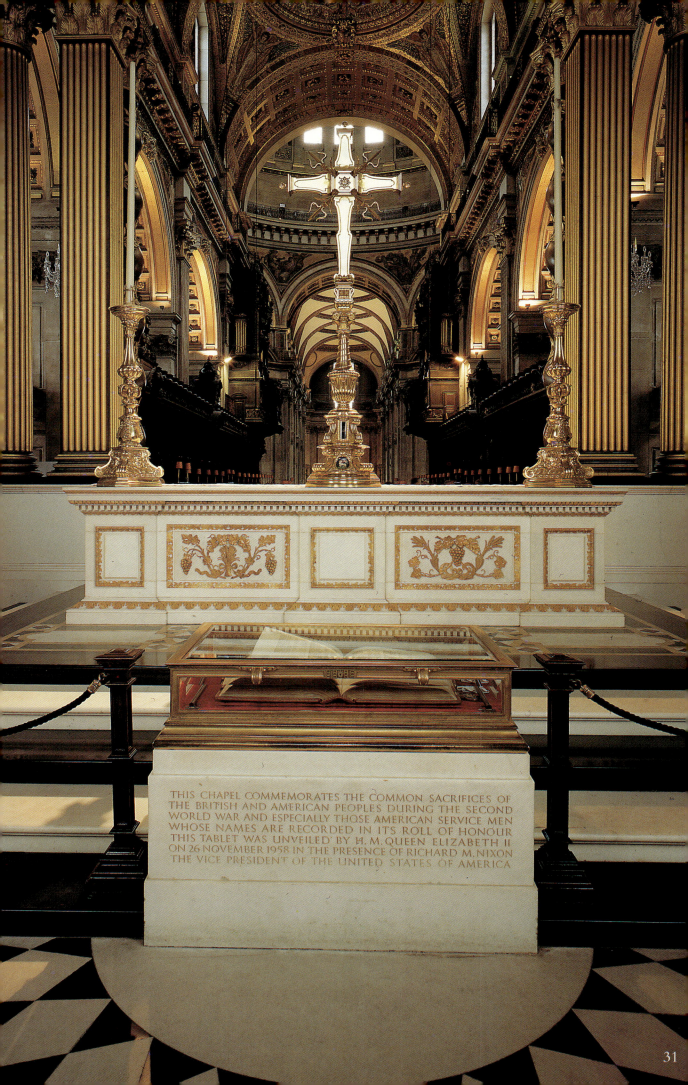

Los mosaicos

En la primera mitad del siglo XIX, la mayor parte del clero estuvo de acuerdo en que el interior de la catedral necesitaba una redecoración. En 1858, el deán, Henry Hart Milman, escribió: "... en lugar de la apariencia fría, monótona, no edificante, impropia, del interior, la catedral debe ser dentro digna de su belleza y grandiosidad exterior ... [Me gustaría] ver la cúpula, en lugar de cernerse como un peso inerte, ampliando y elevando el alma hacia el cielo."

Pero resultó difícil conseguir los fondos necesarios y elaborar un programa que satisficiera a todos. Se sometieron y discutieron varios planes y propuestas para agregar color a los murales de la cúpula.

Finalmente, en 1864, se instaló en los tímpanos de los arcos (espacios triangulares entre los arcos y la curva de la cúpula) el primer mosaico, del profeta Isaías, diseñado por Alfred Stevens, quien trabajaba entonces en el monumento de Wellington. Stevens diseñó otros tres mosaicos para los tímpanos, siempre con imágenes de profetas. Otro artista, George Frederick Watts, produjo otros dos diseños, de San Juan y San Mateo.

El diseño de Watts de San Mateo se instaló posteriormente, pero fue un tercer artista, W E F Britten, quien terminó los cuatro diseños restantes y dos propios, de San Marcos y San Lucas, lo que le llevó cinco años, de 1888 a 1893. Es el tributo de la habilidad de Britten que los ocho mosaicos parezcan ser la obra de una sola persona.

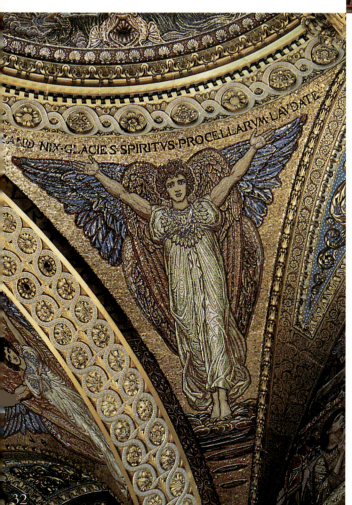

Los mosaicos del este de la catedral y de los cuatro arcos de las esquinas de la cúpula se encargaron en 1891 para complementar el esplendor del nuevo altar. Son obra de William Blake Richmond, quien terminó la última sección en 1904.

A diferencia de los cubos de vidrio que formaban los tímpanos de los arcos y que se fabricaron en la isla de Murano, en Venecia, los mosaicos de Richmond se hicieron totalmente en Londres. Se cortaron más de dos centímetros de piedra para poder colocarlos.

Durante la Segunda Guerra Mundial, una bomba dañó una sección del arco cuadrado situado encima del coro. Se reparó en 1959 con la ayuda de artistas italianos, uno de los cuales dijo a su nieta que debía mirar atentamente a los ángeles, si alguna vez visitaba la catedral. Cuando ella finalmente vino, vio que uno de ellos tenía el rostro de su abuela - y pasó toda la visita mirando fijamente ese rostro y llorando en silencio.

El crucero

La luz del mundo, de William Holman Hunt, en el crucero norte, es una de las pocas pinturas que quedan en la catedral; la mayoría se retiró durante la Segunda Guerra Mundial para su protección y nunca volvió a su antiguo emplazamiento. Hunt, que está enterrado en la cripta, fue uno de los fundadores del movimiento prerrafaelista.

La luz del mundo es uno de los cuadros más copiados del mundo; el mismo artista pintó ese tema tres veces. La primera versión, pintada a la luz de la luna, está en Keble College, Oxford. Furioso porque el colegio no se proponía exhibirlo al público, Hunt pintó una segunda versión, que se halla ahora en la Manchester Civic Art Gallery. Un propietario de buques, Charles Booth, encargó la tercera versión, que en gran parte fue pintada por los alumnos de Hunt, ya que el artista tenía entonces más de 70 años y estaba casi ciego. Booth regaló el cuadro a la catedral en 1908.

En el crucero sur se encuentra el monumento del almirante Horacio Nelson, uno de los héroes británicos más románticos. Nelson se embarcó por primera vez a los doce años, lo que hizo escribir a su tío: "¿Qué ha hecho el pobre Horacio, que es tan débil, . . . para ser arrojado al mar?"

El monumento muestra un manto que cubre el lugar donde debiera estar el brazo derecho de Nelson, amputado después de las heridas sufridas en 1797. Tres años antes, había perdido la vista de su ojo derecho, aunque, contrariamente a la tradición, nunca usó parche.

La vida de Nelson es una historia de amor trágico. Abandonó a su esposa, Fanny, por una mujer a la que llamó "amada Emma, la amiga querida de mi corazón", Lady Emma Hamilton.

Los amantes tuvieron una hija, Horacia, cuyo nacimiento se mantuvo en secreto. Nelson efectuó un agregado a su testamento poco antes de su última batalla, pidiendo que la nación se hiciera cargo de su familia ilegítima, de "las dos que amo tanto como a mi propia vida". El testamento concluía: "Éstos son los únicos favores que pido a mi Rey y a mi país en este momento en que voy a combatir por ellos."

Tristemente, Emma y Horacia nada recibieron.

LA TAPA DE LA PILA BAUTISMAL

Una pila contiene el agua que se usa para el bautismo, ceremonia que da la bienvenida formal al cristianismo. La pila de la catedral, del siglo XVIII, fue hecha por Francis Bird, quien esculpió el relieve del frontón de la entrada de la catedral. La tapa es tan pesada que se requiere un taco de madera y una polea para levantarla. Un escotillón, llamado "cuchillo de pastel", facilita la tarea.

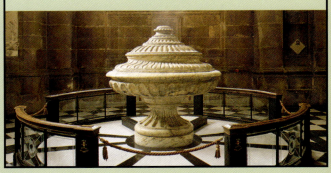

Página opuesta
Arriba: Mosaicos en las cúpulas de platillo del coro, que muestran escenas de la creación divina del mundo
Abajo: Detalle de los mosaicos del coro, con uno de los ángeles: "Las estrellas de la mañana de la creación de los primeros hijos de Dios"
Esta página
Monumento de Nelson

SACERDOTE Y POETA

John Donne, quien fue deán de San Pablo, aunque es más conocido como poeta, escribió las recordadas líneas: "Nunca trates de saber por quién doblan las campanas; doblan por ti" y "Nadie es una isla".

Esta página
Arriba: Las Puertas Doradas de Tijou
Abajo: Estatua de John Donne

Página opuesta
La Capilla Conmemorativa Americana

Deambulatorio y Capilla Conmemorativa Americana

La vida y apariencia cambiantes de la catedral se ven reflejadas en el deambulatorio o pasaje alrededor del coro. El arte moderna, de la que es ejemplo la escultura de Henry Moore, *Madre y niño*, se exhibe orgullosa en un entorno de muchos siglos de antigüedad, mientras que la Capilla Conmemorativa Americana, del siglo XX, se mezcla con la estructura del siglo XVII del edificio.

Cerca de la escultura de Henry Moore hay dos pares de puertas de hierro forjado fabricadas por Jean Tijou hacia 1700, en el extravagante estilo barroco. Las Puertas Doradas, que se abren entre las naves laterales y el coro, fueron parte del tabique del órgano hasta fines del siglo XIX, mientras que las Puertas Candelabra, a cada extremo del deambulatorio, están en su ubicación original.

Detrás del altar mayor está la Capilla Conmemorativa Americana, monumento a los miles de norteamericanos que murieron en camino al Reino Unido o estacionados aquí, durante la Segunda Guerra Mundial.

La erección de un monumento central fue propuesta por la Fuerza Aérea de los Estados Unidos y el deán de la catedral ofreció la catedral para su emplazamiento. "No les corresponde a ustedes, sino a nosotros, erigir el monumento", dijo Lord Trenchard, presidente de la Comisión Anglo-Norteamericana, de modo que la capilla se convirtió en un tributo del pueblo británico, que respondió a una petición de fondos.

Su gratitud se expresa en la inscripción que bordea el piso de mármol: "A los norteamericanos que fallecieron en la Segunda Guerra Mundial, el pueblo de Gran Bretaña."

La capilla misma está llena de simbolismo. Por ejemplo, un pelícano en la ventana central sugiere el sacrificio personal de los muertos, para que otros puedan vivir en paz y libertad.

Las verjas del altar fueron diseñadas siguiendo el modelo y el tema de las puertas de Tijou. Entre decoraciones de hojas de roble inglés, los rollos de papel representan la herencia cultural compartida entre Gran Bretaña y los Estados Unidos, mientras que las referencias a la vida de Moisés aluden a los muchos judíos que combatieron en la guerra.

El general Eisenhower, más tarde presidente de los Estados Unidos, propuso proveer una lista de honor de todos los hombres y mujeres conmemorados en la capilla. Un manuscrito ilustrado de 500 páginas se entregó así en 1951, una copia del cual puede ser solicitada por los visitantes que deseen ver el nombre de sus seres queridos.

En la nave lateral sur del deambulatorio está la estatua del Dr John Donne, única en la catedral que sobrevivió intacta al Gran Incendio. Donne compuso algunos de los más estimados poemas de amor en lengua inglesa, muchos para su esposa, Ana, con quien huyó cuando ella tenía sólo 17 años. "John Donne, Anne Donne, *un-done* ("seducidos")", escribió a propósito del escándalo provocado.

Después de la muerte de su esposa al dar a luz, su morbidez fue en aumento. En sus últimos años, insistió en envolverse con una sábana para simular una mortaja, mientras posaba para su estatua, que guardó terminada junto a su lecho como recordatorio de su destino.

La decisión poco convencional de Donne hizo que esa estatua, que carecía de brazos y piernas que se rompieran al caer en la cripta durante el Gran Incendio o los bombardeos de la Segunda Guerra Mundial, resultara intacta.

La cripta

El piso de la cripta era originalmente de tierra: los ataúdes se enterraban y encima de ellos se colocaba una losa, pero los victorianos, quienes iniciaron la tradición de visitar la cripta, además del resto de la iglesia, decidieron que se necesitaba un piso apropiado.

Para ahorrar dinero, y quizá también para salvar las almas de las obreras, las autoridades de la catedral trajeron prisioneras de la cárcel de Woking para colocar el piso de mosaicos. Lo que no era de sorprender, su trabajo no fue muy competente al principio, pero puede notarse una mejora gradual en su calidad a medida que avanzaban en la cripta.

Los victorianos también introdujeron un sistema de calefacción central en la cripta, quemando madera en braseros y utilizando aceite como combustible. El fuego calentaba el aire, que ascendía a la iglesia a través de grandes rejillas de latón. La catedral se calienta aún hoy desde abajo.

Toda la parte oriental de la cripta llevaba el nombre de "St Faith's" ('Santa Fe') o "Santa Fe debajo de San Pablo". Hasta el Incendio de Londres, Santa Fe era una iglesia parroquial anexa a la Antigua Catedral de San Pablo y era la iglesia de la Worshipful Company of Stationers ("Honorable Compañía de Libreros"), gremio de libreros y editores. El gremio se reúne todavía aquí, en la Capilla de la Orden del Imperio Británico (OBE), en ocasiones especiales.

Esta orden se creó en 1917, ya que el rey, Jorge V, deseaba agradecer la contribución de las mujeres en la Primera Guerra Mundial. Hasta entonces, ninguna mujer había sido condecorada, a excepción de Florence Nightingale, fundadora de la enfermería británica, a quien se concedió la Orden del Mérito. La orden se separó en divisiones militares y civiles en 1918.

En la actualidad, los titulares OBE pueden contraer matrimonio y bautizar a sus hijos en la capilla.

En el techo de la capilla hay una venera dorada, emblema de Santiago el Mayor. Este santo falleció en Jerusalén, pero según la leyenda su cuerpo fue enterrado en Santiago de Compostela, en el noroeste de España. Los peregrinos que iban a Santiago llevaban una venera en su pelo para mostrar que habían visitado su tumba.

Alrededor de la Capilla OBE están las tumbas y monumentos de muchas figuras célebres de las artes y las ciencias, entre ellos Wren, enterrado en la nave sudeste. Wren no deseaba ser conmemorado, por creer quizá que su catedral era el mejor monumento a su vida y su obra.

Otros monumentos en las proximidades son un homenaje a los diversos talentos de Wren. Tributos a los miembros de la Academia Real, institución que fomenta el estudio de las artes, están junto a los de los miembros de su contraparte científica, la Sociedad Real, de la cual Wren fue miembro fundador.

Entre los artistas enterrados aquí está el pintor y primer presidente de la Academia Real, Sir Joshua Reynolds, y, entre otros, se conmemora al compositor Ivor Novello, al escritor y caricaturista Max Beerbohm, al arquitecto Sir Edwin Luytens, al pintor Sir Anthony Van Dyck, al pintor y poeta William Blake y al pintor paisajista John Constable.

Los monumentos de científicos y otros que honraron a la nación incluyen los del farmacéutico y filántropo Sir Henry Wellcome, el sacerdote y erudito del siglo XIV John Wycliffe, quien tradujo la Biblia al inglés, y Florence Nightingale.

Cerca de la entrada sur están los tributos a periodistas de guerra, entre ellos una placa a Sir William Howard Russell, conocido como padre de la corresponsalía de guerra. Russell fue el primer periodista que transmitió directamente desde las escenas de combate y efectuó sus primeros reportajes en la guerra de Crimea, en la cual se hizo célebre Florence Nightingale.

MIRE A SU ALREDEDOR

El hijo de Wren, Christopher, escribió el epitafio que se ve completo en el piso de la cúpula y abreviado en su tumba. Está en latín y se traduce así: "Debajo yace el fundador de esta iglesia y ciudad, Christopher Wren, quien vivió más de 90 años, no para sí sino para el bien público. Lector, si buscas su monumento, mira a tu alrededor."

Página opuesta
La Capilla OBE

Esta página
Arriba: Monumento de Florence Nightingale
Abajo: Tumba de Wren

Héroes nacionales

Dos grandes figuras militares, el Duque de Wellington y el Almirante Nelson, yacen en el corazón de la cripta, rodeados de tributos a otros que murieron por su país.

En contraste con el suntuoso monumento que se halla en la planta principal de la catedral, Wellington descansa en un féretro sencillo, hecho de granito de Cornualles. Aunque fue un héroe nacional, no hizo alarde de sus victorias: "Nada, salvo una batalla perdida, puede ser tan triste como una batalla ganada", escribió en un despacho en 1815, año en que derrotó a Napoleón en Waterloo.

El Duque, llamado "Duque de Hierro" por sus campañas incansables, dio su nombre a una colorida lista de objetos: las botas Wellington, el plato "Bistec Wellington" y hasta una marca de cigarrillos. También acuñó algunas frases memorables. Incorporó la expresión ". . . and another thing (y otra cosa)" a la lengua inglesa y declaró: "La batalla de Waterloo se ganó en los campos de juego de Eton." También dijo: "Circunstancias sobre las cuales no tengo control", así como la frase inmortal: "Publica y serás condenado."

Los estandartes que cuelgan alrededor de la tumba de Wellington se confeccionaron para su procesión fúnebre. Originalmente, hubo uno para Prusia, que se quitó durante la Primera Guerra Mundial y nunca volvió a colocarse.

En las paredes hay placas recordatorias de mariscales de campo de la Segunda Guerra Mundial, entre ellas una para Sir Claude Auchinleck. En el momento en que se instaló,

Sir Claude había emigrado a África. Finalmente un funcionario observó que no había habido confirmación de su muerte y, una vez que se lo localizó, se le envió una carta de disculpas. Sir Claude respondió diciendo secamente que el tiempo rectificaría el error.

El Almirante Nelson yace en el centro de la cripta, debajo del centro de la cúpula. Su monumento comprende una llamada a la plegaria nacional que escribió teniendo al enemigo a la vista, antes de la batalla de Trafalgar en 1805. Dice así: "Que Dios a quien rindo culto dé a mi país en beneficio de Europa en general una gloriosa victoria y que ninguna conducta equivocada la oscurezca, y que la humanidad después de la victoria sea la característica predominante de la flota británica. Personalmente, entrego mi vida a Él, quien me hizo y que Su bendición me ilumine en mis esfuerzos por servir fielmente a mi país. Por Él renuncio a mí mismo y por la justa causa que se me ha encomendado defender. Amén. Amén. Amén."

Nelson falleció en la batalla, pero estaba preparado para esta eventualidad y tenía consigo su ataúd, fabricado con el mástil de un buque francés hundido en una de sus victorias anteriores y que él guardó detrás de su escritorio.

Su cuerpo tuvo que ser conservado durante el viaje de regreso y para ello se utilizó coñac francés. En Gibraltar, se lo transfirió, aún en su ataúd, a un féretro recubierto de plomo e impregnado en vino destilado. Cuando sus restos llegaron a Gran Bretaña, se pusieron en otros dos ataúdes antes de ser enterrados en la cripta en el sarcófago del cardenal Wolsey, del siglo XVI.

Otras muchas figuras militares se conmemoran junto a Wellington y Nelson, tanto individualmente como en grupos. Cerca de estos grandes líderes, hay tristes recordatorios de quienes murieron en este siglo en las guerras Bóer, de Gallipoli, Corea, el Atlántico Sur y el Golfo.

En la nave próxima están las tumbas del almirante conde David Beatty y el almirante conde John Jellicoe, quienes riñeron por la derrota de la batalla de Jutlandia, pero terminaron enterrados uno junto a otro. Cerca hay un tributo al piloto oficial William Fiske, norteamericano que militó en la Fuerza Aérea Británica durante la Segunda Guerra Mundial y murió en la batalla de Gran Bretaña. La inscripción de su monumento dice así: "Un ciudadano norteamericano que murió para que Inglaterra pudiera vivir."

También hay monumentos más recientes, entre ellos el del Profesor Gordon Hamilton-Fairley, quien falleció en un atentado terrorista en 1975. Se recuerda con una conmovedora cita: "No importa cómo un hombre muere, sino cómo vive."

Página opuesta
Tumba de Nelson

Esta página
Arriba: Placa recordatoria de los militares que participaron en la campaña de Gallipoli
Abajo: Féretro de granito de Wellington

El tesoro

Con los siglos, muchos de los tesoros de la catedral se perdieron. Hubo especialmente un robo en 1810, en el que desapareció gran parte del oro y la plata de la catedral. En consecuencia, muchos de los objetos preciosos que se exhiben en el tesoro en el presente pertenecen a las iglesias de Londres, que prestaron a la catedral más de 200 cálices y accesorios ceremoniales.

No obstante, la catedral aún continúa añadiendo objetos a su colección. La espléndida Capa del Aniversario es una adquisición relativamente reciente, que data de 1977. Fue hecha para un servicio de acción de gracias en el Aniversario de Plata de la reina (25° aniversario de su coronación), en que la llevó Gerald Ellison, obispo de Londres.

La capa presenta los chapiteles bordados de 73 iglesias de Londres y tres "Royal Peculiars", iglesias asociadas al rey y no a una institución eclesiástica. La Catedral de San Pablo aparece en el centro de la espalda.

Así como la capa y otras vestiduras eclesiásticas, el tesoro presenta varias representaciones a escala de la cúpula y la catedral. También hay modelos de la Antigua Catedral y de la catedral actual. Otros objetos comprenden una fotografía del órgano en su ubicación original sobre el tabique y del retablo victoriano, que se desechó después de la Segunda Guerra Mundial.

A un costado del tesoro hay dos estatuas anteriores al Gran Incendio. Aunque parece que estuvieran hechas de madera, son en realidad de piedra. Originalmente estaban pintadas con colores brillantes, vivos, pero el calor del fuego fundió la pintura sobre la superficie y volvió la piedra del color de roble antiguo, pulido.

Una muestra cerca del tesoro brinda detalles sobre el Gran Incendio y el daño producido. Ofrece una relación histórica sobre la propagación del fuego, que se inició en una panadería de Pudding Lane y destruyó dos tercios de la Ciudad de Londres.

El triforio

El triforio es una galería. La palabra "triforio" significa en realidad "hecho de tres partes", referencia a las tres secciones de la catedral formadas por la nave central, las naves laterales y la galería superior.

Una de las delicias del triforio es la biblioteca de la catedral, sala con paneles que se ha conservado virtualmente sin modificar desde su terminación en 1709. Así como en otras partes más públicas de la catedral, la decoración presenta esmerados detalles. Las pilastras de piedra junto a las ventanas, por ejemplo, están talladas con libros y plumas.

La biblioteca contiene unos 13.000 volúmenes, así como estantes con sermones, panfletos y música. Estas obras, aproximadamente un total de 30.000, pueden ser consultadas por los investigadores previa cita.

Entre los tesoros de la biblioteca hay una biblia ilustrada de Nuremberg, de 1649, y otra que data de un siglo antes. La primera biblia pertenecía a Thomas Cranmer, arzobispo de Canterbury, que ayudó a Enrique VIII a obtener su primer divorcio. La obra más antigua de la biblioteca es un misal manuscrito de más de ocho siglos, que se usó en la Antigua Catedral, mientras que la obra más rara es un ejemplar de la primera edición del Nuevo Testamento de William Tyndale, de 1525, uno de los únicos tres ejemplares que se conservan en el mundo.

Encima de la Gran Puerta Occidental, pueden verse las Trompetas Reales y el segundo diapasón. Las trompetas se instalaron en honor del 25° Aniversario de la reina en 1977, pero eran tan fuertes que se dice que la reina se sobresaltó. No volvieron a usarse en su presencia desde entonces.

La Sala del Trofeo exhibe los modelos que se conservan de los diseños de Wren y copias de sus dibujos arquitectónicos. La pieza central es el Gran Modelo de cruz griega de Wren para la catedral. Se terminó en 1674 por un total de £600, el precio de una buena casa en Londres en esa época. La suma equivale a aproximadamente £44.350 de nuestros días.

Junto a la Sala del Trofeo hay un dibujo de la catedral en sección diagonal, hecho durante los trabajos de reparación de la catedral entre 1923 y 1928. En el triforio hay muchas otras imágenes y esculturas que relatan la historia de la catedral y de las personas relacionadas con ella.

• *Los visitantes que deseen efectuar una visita guiada del triforio deben llamar al 020 7246 8319 para hacer reservas.*

CATALOGO

Una inscripción sobre la oficina del bibliotecario dice: "No hay fin para hacer muchos libros." Estas palabras son particularmente apropiadas ahora, ya que la colección completa se está catalogando por primera vez.

Página opuesta
Arriba: Algunos de los 200 objetos ceremoniales del tesoro
Abajo: Objetos de plata de la colección del tesoro

Esta página
Arriba: El Gran Modelo
Abajo: Interior de la biblioteca

Exterior y patio

Wren deseaba que la entrada de la catedral tuviera un solo piso sostenido por una serie de columnas clásicas, pero no se disponía de piedras del tamaño necesario. En cambio, debió dividir el pórtico en dos niveles, con cuatro pares de pilastras arriba y seis pares debajo. También incluyó una galería en los niveles superiores del pórtico, con la idea de que desde allí el obispo de Londres bendijera a las multitudes, tal como el Papa en Roma.

En el frontón de la entrada hay un relieve que muestra la Conversión de San Pablo al Cristianismo. Encima del relieve está la estatua de mismo San Pablo. Ambos fueron esculpidos por Francis Bird, quien tuvo a su cargo gran parte de la decoración exterior de la catedral, así como una estatua de la reina Ana, monarca en el trono al concluirse la catedral. La estatua se deterioró gradualmente y fue reemplazada en 1885 por la versión que hoy se ve enfrente del edificio.

Bird también esculpió las estatuas que se hallan a ambos lados de San Pablo, Santiago a la derecha y San Pedro a la izquierda. Éstas son dos de una serie de esculturas que rodean la catedral.

El pórtico está flanqueado por torres gemelas, cada una de las cuales termina en una piña, símbolo de paz, prosperidad y hospitalidad. La puerta de la torre noroeste se usaba para acceder a la Sala Capitular, centro administrativo de la catedral, que Wren construyó de ladrillo rojo al concluir la catedral. La Sala Capitular fue seriamente dañada por una bomba durante el Blitz y se reconstruyó totalmente en la década de 1950.

Cerca de la parte más elevada de la torre sudoeste está el reloj, de tres caras, cada una de ellas de más de 5 m de diámetro. John Smith & Sons, de Derby, lo instaló en 1893.

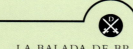

LA BALADA DE BRANDY NAN

El hecho de que la estatua de la reina Ana no mirara hacia la catedral provocó muchos comentarios y los siguientes versos, populares a principios de siglo XVIII:

"Brandy Nan, Brandy Nan,
Te dejaron abandonada,
Mirando hacia las tiendas de ginebra,
Con tu espalda hacia la iglesia."

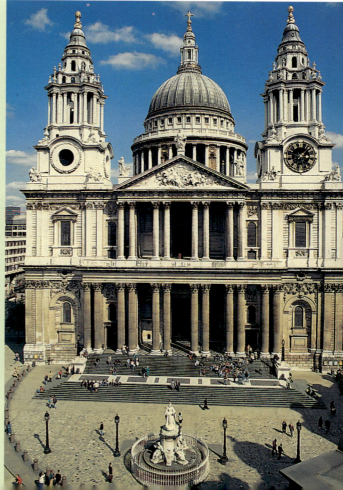

Página opuesta
La catedral de noche

Esta página
Arriba: La estatua de San Pablo de Bird
Abajo: El magnífico pórtico

Encima del reloj está Gran Tom, la campana de la hora, y Gran Pablo, la mayor campana oscilante de Europa. Gran Pablo, que es más antigua que la catedral, se llama a veces "Recall Bell", porque se usaba para llamar a los obreros a trabajar después de la comida. Todavía hoy suena diariamente a la una. Gran Tom toca las horas y también repica en fallecimientos reales y eclesiásticos. Fue regalada a la catedral en 1716. En la torre noroeste están las doce campanas restantes, que son las que repican.

El pórtico semicircular del crucero norte está inspirado en la entrada de la iglesia de Santa Maria della Pace de Roma. Aunque Wren nunca visitó Roma, había visto grabados del edificio.

En el lado sur, el punto principal es el relieve de la puerta en el frontón del crucero sur. Éste representa a un ave fénix, pájaro mítico que moría en el fuego y volvía a resucitar, cuya significación es doble: la resurrección de Cristo después de su crucifixión y la edificación de la catedral, que nació de las cenizas del antiguo edificio.

La Cruz Conmemorativa de San Pablo domina el patio de la iglesia. Esta columna, coronada con una estatua dorada de San Pablo, conmemora un púlpito exterior que desempeñó un papel importante en la vida de Londres durante siglos, antes de ser destruido en el Gran Incendio de 1666.

Una estatua de John Wesley, fundador del metodismo, se levanta en las cercanías. Wesley asistía regularmente a la catedral en el siglo XVIII.

Las verjas del contorno norte del patio provocaron la irritación de Wren, que las consideró "feas, extravagantes y totalmente inadecuadas", pero en la actualidad son muy apreciadas como una de las obras de hierro forjado más antiguas del país.

La catedral hoy

Con por lo menos cuatro servicios diarios, más de dos millones de visitantes por año, una escuela y un coro de fama mundial y una variedad de edificios, la catedral es tan compleja como una gran empresa.

Detrás de sus magníficas fachadas, cientos de personas trabajan en tareas tan diversas como conservación, seguridad, enseñanza y albañilería. Se dividen en tres grandes grupos: clérigos, personal laico y voluntarios.

Los máximos supervisores son el deán y el Capítulo: cinco sacerdotes superiores y tres miembros no residentes que, juntos, actúan como los directivos de una empresa y son responsables de toda la organización cotidiana.

El deán preside el capítulo, formado además por cuatro canónigos residenciales, (el Colegio de Canónigos) y otros tres miembros procedentes de la comunidad, dos de ellos no sacerdotes. Su tarea principal es mantener el culto diario, con servicios a las 7.30, 8, 12.30 y 17, e impulsar la misión de la catedral. Este último servicio vespertino es el más popular y a él asisten a menudo hasta 300 personas.

Cuentan con la colaboración del Colegio de Canónigos Menores, tres sacerdotes jóvenes que organizan y dirigen los servicios.

El Capítulo tiene funciones administrativas además de sus deberes religiosos. Su responsabilidad abarca cada ámbito de la vida de la catedral: educación de los infantes de coro de la escuela catedralicia, mantener la fábrica del edificio, atención pastoral y ayuda a los miles de visitantes. El deán y el Capítulo reciben el apoyo de un órgano más amplio, el Consejo, formado por representantes electos de la congregación y la comunidad local, más otros ocho nombrados por el obispo y cinco miembros del Capítulo. La función del Consejo es asesorar al deán y al Capítulo.

El deán y el Capítulo se reúnen cada quince días para organizar la administración de la catedral, delegando tareas a los 158 empleados, sacristanes, administradores y empleados de la tienda y oficina.

Hay también 30 prebendados, sacerdotes de Londres que actúan como directores no ejecutivos de la catedral y que son convocados una vez al año por el deán y el Capítulo el día de San Pablo, el 25 de enero, para lo que en efecto es una reunión anual. No reciben un salario, pero poseen su silla en el coro de la catedral.

El obispo de Londres no participa en los asuntos diarios de la catedral, aunque su trono se conserva allí y se lo invita regularmente a predicar y prestar asistencia en servicios especiales. Pero el deán y el capítulo deben consultar al obispo en lo que concierne a la dirección general y la misión de la catedral.

Mantenimiento de la catedral

La reparación, restauración y agregados de la catedral es un proceso constante que insume alrededor del 40% de los gastos anuales de la catedral.

El trabajo de reparación se efectúa según un plan magistral de 25 años, que se revisa cada 5 años y ocupa a artesanos con una amplia variedad de habilidades especiales, desde albañilería y tallado hasta andamiaje y pintura.

Un importante proyecto en la cúpula exigió recientemente la remoción de la piedra exterior, la verificación, limpieza y reparación de las cadenas de hierro forjado de tres siglos de antigüedad que aseguran la estructura y la recolocación de todo en su lugar.

El equipo de trabajo también comprende a personal de limpieza, electricistas, guardas de seguridad, fontaneros y técnicos de calefacción, un pintor, un jardinero, un experto en conservación y un dibujante.

La conservación y modernización de una gran catedral y su contenido son, desde luego, caras. El mantenimiento únicamente de los aseos cuesta £40.000 al año y los gastos de mantenimiento totales anuales ascienden a £1 millón, que se cubren con las entradas, subsidios y fondos externos.

El equipo de mantenimiento puede efectuar algunos trabajos cuando la catedral está cerrada, pero, inevitablemente, muchas veces tiene que trabajar con 4.000 visitantes al día, tratando de provocar el menor ruido y molestia posibles. El trabajo se suspende todas las horas, para las plegarias.

Pero la catedral puede desafiar los planes más meticulosos. En 1997, al construirse baños y aseos para el personal en los terrenos de la catedral, se descubrió un cementerio romano. Los trabajos debieron suspenderse mientras un equipo de arqueólogos excavaba, sacaba fotos y retiraba los artefactos.

Dada la historia del lugar, descubrimientos tales no son inusuales. Los restos humanos se vuelven a enterrar en terreno sagrado y se los bendice. Los trabajos entonces continúan.

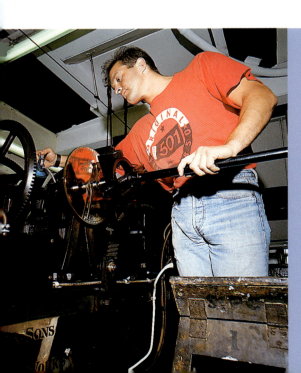

ROCA DE EDADES
A pesar de la edad de los edificios de la catedral, todavía es posible hallar materiales apropiados para su mantenimiento. Por ejemplo, la piedra de Portland utilizada para reparar los muros proviene de la misma cantera de Dorset que Wren utilizó hace tres siglos.

Página opuesta
El deán y el Capítulo: (de izquierda a derecha) el Reverendo Canónigo Michael Saward, tesorero; el Venerable George Cassidy, archidiácono de Londres; el Muy Reverendo Dr. John Moses, deán; el Reverendo Canónigo John Halliburton, canciller, y el Reverendo Stephen Oliver, chantre

Esta página
Arriba: Restauración de las tallas de madera
Centro: Albañiles trabajando
Abajo: Aceitado del reloj

Música

La música es un elemento decisivo en el culto y la vida de la Catedral de San Pablo. Su habilidad para expresar emoción y trascender las barreras culturales y sociales es especialmente valiosa en una catedral, en la que no existe una congregación regular y los visitantes de muchos estratos y países diferentes asisten a los servicios.

La hoja del servicio expresa su influencia unificadora: "Cuando las palabras y la música se unen y enriquecen recíprocamente, nuestros sentidos e intelectos, nuestros corazones y mentes se aproximan más a Dios."

Esta misma música, que el compositor del siglo XVIII Franz Joseph Haydn describió como el sonido más bello que hubiera escuchado, es el resultado de siglos de dedicación a la excelencia y el trabajo de muchos músicos. Hoy, éstos son: el organista, el suborganista, el asistente organista, 18 cantantes adultos que forman el llamado "Coral de los Párrocos" y aproximadamente 40 coristas.

Estos niños son educados en la Escuela de la Catedral de San Pablo, que tiene sus distantes orígenes en una escuela de canto fundada en el año 604, junto con la primera catedral. La mención más antigua de un coro masculino y de niños es de 1127 y no fue hasta 1263 en que un maestro fue nombrado especialmente para ocuparse de la formación de los niños.

Con los siglos, el coro de niños de San Pablo adquirió fama y ganó una serie de apodos: "Niños de Pablo", "Chiquillos de San Pablo" y "Los Niños de San Pablo". Su popularidad aumentó o disminuyó con los cambios políticos y el ánimo de la nación. En el siglo XVI, se consagró al teatro y llegó a constituir uno de los grupos favoritos de la reina Isabel I, con actuaciones en los palacios reales a la noche y volviendo en barco por el Támesis a tiempo para las lecciones del día siguiente.

En el siglo XVII, los opositores al rey trataron de desmantelar el órgano y expulsar al coro, lo que produjo una escasez de cantantes formados al restaurarse la monarquía en 1660. La nueva catedral de Wren era un imán para los músicos de toda clase, que se instalaban en el patio y atraían a editores de música y fabricantes de instrumentos. Ellos ofrecieron el primer concierto público en Inglaterra y asistieron al coro en oratorios, obras semidramáticas de temas religiosos.

En el siglo XIX, la necesidad de educación apropiada para los coristas era evidente. En 1811, una formidable solterona, María Hackett, decidió que debían poseer una educación formal. Como parte de su campaña, asistió a todos los servicios en la catedral durante 60 años y visitó otras catedrales para hablar con los recelosos deanes y organistas. Vivió lo suficiente como para ver una nueva escuela de coro terminada en 1874.

El coro no se alejó de Londres durante la Primera Guerra Mundial, ganando elogios por su bravura al cantar durante los bombardeos, pero se refugió en la seguridad rural de Cornualles durante la Segunda Guerra Mundial. En 1947, estaba de vuelta en Londres para celebrar el 250° aniversario de la catedral. Seis años después, cantó en el servicio de acción de gracias de la Coronación para la nueva reina Isabel II e inició su primera gira por los Estados Unidos de Norteamérica.

Desde entonces, la escuela se mudó a un nuevo lugar al este de la catedral, admitió a alumnos que no pertenecían al coro y aceptó a niños y niñas de 4 a 7 años de edad. En 1997, la palabra "coro" se suprimió del nombre de la escuela.

Cerca de 110 niños de hasta 13 años y hasta 40 niños coristas se educan ahora en la catedral, que se encarga de pagar los gastos de los coristas. Todos los alumnos reciben lecciones de música, pero los coristas cantan 22 horas más por semana, así como graban CDs y efectúan giras mundiales. En los últimos diez años han viajado a Brasil, Francia, Holanda, Japón, España y los Estados Unidos. Algunos niños han sido elegidos para la ópera o para producciones teatrales por su talento; otros graban sus propios CDs y aparecen en televisión.

Hoy, la música en la catedral, con su permanente tradición de innovación e inspiración, es la envidia de otras iglesias de todo el mundo. Cuando el arzobispo de París estudiaba la posibilidad de reestablecer la escuela coral de Nôtre Dame, eligió a la Escuela de San Pablo como el mejor modelo posible.

Página opuesta
Miembros del coro de San Pablo

Esta página
Arriba: Los coristas reciben instrucción musical
Abajo: Servicio de villancicos de Adviento

TRANSPORTANDO MUSICA

Un valiente empleado logró salvar "tres cargas de libros del coro" del Gran Incendio del año 1666. Esos libros pesaban 60 kilos. El repertorio actual pesa varias toneladas y no podría ser evacuado por una sola persona.

Los Amigos de la Catedral

El fuego había destruido la Antigua Catedral y varias de sus predecesoras. Al comenzar los ataques en Londres durante la Primera Guerra Mundial, un grupo de hombres y mujeres que amaban la actual catedral decidieron que la historia no iba a repetirse.

Crearon así la Guardia de Incendios de San Pablo, que patrullaba el edificio para asegurar que se extinguiera toda chispa antes que hiciera ningún daño. Durante la Segunda Guerra Mundial volvieron a reunirse, invitando también a amigos y familiares. Después de una petición pública, hubo 300 voluntarios, 40 de los cuales custodiaban la catedral todas las noches.

Mary Prendergast, quien ingresó en la Guardia en 1939, recuerda las dificultades de recorrer "un edificio tan enorme, con muchas avenidas complejas en el techo, rincones y hendiduras – podía haber una bomba incendiaria en cualquier lugar, en una pequeña grieta, o debajo de una piedra . . . Si ésta no se quitaba rápidamente, podía . . . [provocar] un incendio dentro del edificio."

La Guardia se disolvió al final de la guerra, pero sus integrantes, que habían mostrado su vocación en un momento de gran peligro, deseaban continuar ayudando a la catedral. En 1952, crearon así la asociación Amigos de la Catedral de San Pablo, con la Reina Madre como su patrocinadora.

En la actualidad hay 4.000 amigos, que proporcionan tanto apoyo financiero como práctico. La mitad es del Reino Unido; los otros provienen de todo el mundo, de África, las Américas, Australia, Europa, Japón y Nueva Zelandia.

Las suscripciones se utilizan normalmente para proyectos específicos, como impresión de las hojas de los servicios. Cerca de 130 personas que viven cerca de la catedral se han convertido también en "amigos trabajadores", que reciben a los visitantes, venden libros guías y responden a preguntas. Unos pocos se han especializado como guías de la catedral, después de asistir a un curso de seis meses y aprobar un examen antes de comenzar a trabajar. Normalmente hay entre 8 y 15 "amigos trabajadores" que cumplen tareas en la catedral.

Una vez al año, los Amigos celebran un festival de un día de duración, que comprende un servicio vespertino y un recital del coro, normalmente con la presencia de la Reina Madre. También tienen entrada gratuita a la catedral y aviso anticipado del programa de actividades de la catedral y reciben una revista anual y dos boletines semestrales sobre la catedral y su trabajo.

Si le interesa asociarse a esta institución, escriba a The Secretary, The Friends of St Paul's, Chapter House, St Paul's Churchyard, Londres EC4M 8AD, Reino Unido.

Esta página
Arriba: Miembros de la Guardia de Incendios de la catedral
Abajo: La Reina Madre, la Princesa Real y el Deán de S. Pablo desvelan la efigie de la Reina Madre, regalada a la catedral por los Amigos de la seo

Página opuesta
La cúpula de noche